PESO MORTO

JOÃO FELIPE GREMSKI

C.

EDITOR
Renato Rezende

PROJETO GRÁFICO
Tiago Gonçalves

Dados Internacionais de Catalogação na Publicação – CIP

G825 Gremski, João Felipe
Peso morto / João Felipe Gremski. – Rio de Janeiro: Circuito, 2019.
68 p.
ISBN: 978859582044

1. Literatura Brasileira. 2. Poesia. 3. Literatura Contemporânea. I. Título.
II. Mar calmo. III. Peso morto.
CDU 821.134.1(81) CDD B869.1

Catalogação elaborada por Regina Simão Paulino – CRB 6/1154

EDITORA CIRCUITO
www.editoracircuito.com.br

9	Mar Calmo
10	Ária
12	Adágio
13	Versos para uma Beleza Ensandecida
15	Nem Sombra das Flores
17	Amizade
19	K. 622
20	Lugar
21	Pato
22	Sobre o que Ainda Vai Acontecer
23	Hipocrisia
24	Cão
25	Suma

27   **Peso Morto**

28   Estrada
30   Museu
32   Morangos Silvestres
34   Lembranças I
38   Por Fim
39   Pausa
40   A Cidade do Rio Perdido
43   Mariscos
44   Torre
45   Campos de Trigo
46   Flores de Inverno
47   Tambores
49   Minha Dor é um Correr de Águas que Nunca Cessa
51   Lembranças II
53   Pássaros Queimados
54   Ausência de Pontes
56   Branco
57   E o Vento
58   Desfazer
59   Impromptu de Schubert
60   Peso Morto
61   Lembranças III
63   Em te Recordar
64   Estrada II
66   Epílogo em Estado de Último Suspiro

Para você.

Em nome da tua ausência
Construí com loucura uma grande casa branca
E ao longo das paredes te chorei.
SOPHIA DE MELLO BREYNER ANDERSEN

Mar Calmo

Ária

Fazer poesia é perder.

Colher frases mundanas e,
mudando-as,

soltá-las por aí,

asas em verso transformadas.

Depreender do próprio olhar
algo a mais do todo ao redor,

sublimar céu terra mar,
e, por um segundo,

compreender tudo.

Na ausência da música,
o esforço de pensar sinfonias
inexistentes,

e caso haja lápis e papel em mãos,
transcrevê-las.

Nossas próprias letras – esvaziá-las,
preenchê-las de vislumbres (deliciosos quases)
no que restou de poético.

A sinfonia do momento reduzida
a pequenas árias

— fragmentos de sol —

que resistiram no poema enfraquecido.

Salto

Instante de luz,
fresta,
janela da infância que abre

devagar,

traz o som de passos delicados,
aquilo que resta intocado:

plumas,
lençóis ao vento, planícies e

um salto

e alço,

pássaro livre,

um voo sem volta,

vagar plano,
sobre aquilo que passou.

Adágio

Olhar o pássaro contra o brilho da tarde:

nuvens pesam o dia de lembranças
incendiadas de verão,

aquecidas por passos constantes
sorrisos, cadeiras que não bastavam,
mesas que não cediam mais espaço

(o azul das manhãs a caminho do mar,
as chuvas da tarde que caíam em sono)

,enfim,
um presente,

no passado em que vivo.

Versos para uma Beleza Ensandecida

Algo como Quincas
mas sem crianças à volta.

Apenas só,
espalhando excessos de beleza

contornando prostitutas cansadas enfastiadas
de tentar ser ela.

Desliza silenciosa
e pode, no meio da rua,

dançar os próprios passos
saltar os próprios arcos

sem medo de ser ridícula.

Longos cabelos ao sol,
ao vento,

corpo que dá vontade de passar
transcorrer
a mão

e senti-la.

Ela vai, abdica olhares
é apenas ela

bela
louca

esquecida da própria sanidade.

Como que espalhando a nós
gentios

a própria santidade.

Nem Sombra das Flores

> "The death of a beautiful woman is, unquestionably,
> the most poetical topic in the world."
> Edgar Allan Poe

pétala morta
busto pálido

ondula um deserto

o que antes arfava
sob amantes
promessas
mentiras

agora jaz em vão
no jardim

barco sem alma
leito último que transcorre

em calma
derradeira água

olhares baixos

poucos prestavam
presentes

homenagens
tardias

lembranças
em contradição

nítida

indelicada
tímida

lábios entreabertos
provocam
um último desejo

na tarde fria
a estátua falsa
fixa posição

sem epitáfio

beleza desenganada
empáfia antes altiva

em decomposição

Amizade

Sim, eu lembro bem,
o jeito da sua mão, inquieta,
ao passar pelos cabelos
já escassos.

As últimas palavras, amigo,
falamos sem perceber, naquele último dia,
em que pensamos ser mais um entardecer.

Não pude escolher os últimos sentimentos a você,
a última piada, o olhar final antes do despedir.

O silêncio nunca foi problema:
um gole de uísque, um cruzar de pernas,
e tudo dava certo:

a parola se desenrolava
teus gestos em discurso se abriam.

Juntos olhávamos o movimento,
mas falhamos o sentir do tempo e seu caminhar
curvar nossas silhuetas.

Agora restam duas cadeiras vazias,
ninguém nunca tirou-as de lá.

Respeito, indiferença? Não sei dizer.

Mas, amigo, nossa marca permanece lá,
acumulando pó, sustentando ninguém,
nenhuma conversa, nenhum silêncio.

Deixo-as lá, solitárias, uma voltada à outra,

esperando o tempo voltar,

tempo em que a amizade e duas cadeiras bastavam
para fazer o tempo parar.

Deixei de ir lá, deixei-as sozinhas.

Passantes as veem e acham engraçado
duas cadeiras sem função,

esperando algo, alguém – esse poema?

K. 622

busco frestas
para a fuga

mas descubro entre frestas

um caminho

Lugar

O lugar nada diz,
não espera que seja pronunciado.

É um lugar sem nome,
espaço por linhas envolto.

O lugar nos ensina algo do seu vento, da sua poesia,
e qualquer ensinamento dele te delimita, te reflete:

tua parte no espelho,
você mesmo nele.

"O lugar é contido em você e você contém algo dele"

Os passos dados são moldados para ele,
não são traços, réstias de uma passagem,
mas marcas,

cicatrizes na terra,
terra que agora tomou algo de você.

Teu lugar é apenas um, teu último refúgio,
única lembrança quando chora,

quando está perdido em outro lugar
que não o teu.

Pato

pato pluma
imerge

asas nulas
hastes bruscas
invisíveis

um ao lado olha
seu semelhante

desfocar

-se ao a-

fundar

e ri e nada
por desaber o risco
do outro que

agora obscuro

in-verso ficou

Sobre o que Ainda Vai Acontecer

Lampejo.

A luz de um momento
em meio à escuridão
de um violão

solitário.

Jovens nós
jovens ainda,

bebendo as últimas gotas
das cores restantes.

O fim de algo
sem dar conta de que o algo está no fim,

se encerra, ou está
em processo
de

— e eu olho apaixonado pelo sublime do momento —

acabar.

Brilha uma luz,
para sempre nunca emoldurada.

Retrato já esquecido
da nossa juventude.

Dos anos passados
e registrados como se fossem

um dia

acontecer novamente.

Hipocrisia

bêbado de Bourbon
cigarro na boca

aquele clichê

escreve

sentindo-se o tal
poeta marginal

um poema fracassado

que deseja

(secretamente)

fadá-lo ao sucesso

Cão

antes da tempestade
tudo espera

amor suspenso

asas observam
o contador de histórias que

para

maestro

a orquestra

vento que aguarda a chuva ceder
ao apelo

cão que foge

prenuncia a distância
que anuncia

faíscas da guerra
entre o céu e a terra

Suma

Parar de brigar
com a fotografia na parede,
lugar que me extinto de viver.

Em suma,

vou (me) apagando, cores,
azul, verde mar, o som,

réstia de fio,

último olhar, rápido,

— "ao futuro" —

e nunca mais.

Peso Morto

Estrada

Você está em um carro. Ele corre.

Faz curvas, pega atalhos,
atalhos perfeitos.

Eu olho muito para trás nesse carro que corre.
Olho presente o passado.

Preciso de tempo.
Preciso de calma.

Silêncio.

Preciso de silêncio.

Olhe para mim e me dê a mão.
Vamos. Mas vamos com calma.

Vamos. Mas olhe meus olhos antes.
Pense em mim. Pense em nós dois.

Mas nenhuma carta importa,
são apenas palavras cansadas.

A viagem tem um destino definido,
único futuro.

E ela, dando-se conta do passageiro confuso,
homem de muitas perguntas, poucas respostas,
desacelera... .

Estica a mão,
a tranca se destranca.

Perco minha proteção.

Meu refúgio é agora meu inimigo.
Meu maior amor desiste de mim.
Sou jogado e

caio no asfalto, caio com força.
Dou voltas no chão e olho o carro partir.

Ele segue a trilha decidida, há tempos escolhida.

Olho minhas feridas,
tento entender o que passou.

Lembro de entender nosso amor,
tudo que entreguei, tudo que não me tornei.

Agora caminho, mãos no bolso, olhos perdidos,
e assisto à morte do amor que sentia.

Ele olha e implora. Se pergunta:

O que aconteceu?

Não entende.
Não entendo.

Sigo confuso e ainda desenhando um mapa.

Choro por você e pela falta que sinto,
choro sempre.

Tenho sempre uma lágrima guardada dentro do meu peito,
na estrada em que fui jogado.

Olho mais uma vez,
uma última vez,
o carro se afastar de mim.

Museu

Passos no piso amadeirado,
um homem olha o quadro emoldurado.

Seu passado ali, diante,
sem adiante,

já não adianta.

Mas ele adia o que um dia foi
e olha.

"Pintura de uma mulher morta"

É uma garota ainda,
onde estiver,

ele pensou.

Seu sorriso era alto,
sua risada linda.

Levei um susto, uma vez,
ao ouvi-la feliz.

Ele suspirou e sorriu
curto,

típico dele.

A mulher, garota ainda, está morta,
mas sorri na lembrança dele.

Ouço sua voz em veludo azul.

Azul. Igual àquele vestido que ela tinha,

pensou ele.

E o pensamento doeu.
Mas ele seguiu olhando, doendo.

O vestido que ela vestia
enquanto caminhávamos e conversávamos

sob um céu, azul.

Céu da nossa história,

interrompida.

A moldura agora envolve uma lembrança.

Impossível, pensou ele, esquecer.

Seu olhar em mar
mal se abaixou,

e passos foram ouvidos,
cores pinceladas.

A garota o sorriso o vestido azul
seguiram aquele fio de água,

cardume indesejado
pescador condenado

sempre a lembrar.

Morangos Silvestres

Cai a chuva.

Um homem olha o espelho
d'água

a meio fio de cair na trilha
há tempos encruzilhada.

O olhar vê pássaros,
o cabelo exagera traços.

Seu rosto assente sem sentido,
abusa um sorrir.

***

Passam manchas em luto,
ele as corteja.

A luz ao entorno é sombreada,
vulto em volta o volteia e

bate, staccato,
um golpe.

O homem arqueia o corpo
que cede em seco.

Ele cai, e ouve, e antecipa soco, chute.

Ouve o ar se mover antes
de cada impulso
sucessivo
rumo

ao seu
rosto.

Fio de sangue, brilho obscuro.
O homem acorda e mal sente,
mal vê.

Deitado, volta-se ao espelho d'água,
sua segurança,

e vê, agora sim,

seu eu interior, sua dor refletida,
em chutes convertida.

Sorri em meio ao que resta.

"Agora sim", pensa.

Prostra-se no asfalto
desfigurado.

Adormece.

A chuva cai mais leve sob a luz.
Luz que agora brilha sobre ele.

Lembranças I

Lembro de sair de casa e caminhar pela pequena rua que seguia em árvores e pequenos apartamentos. Um parquinho de crianças aparecia diante de mim assim que saía. O frio era sempre presente, mas era maio, e a primavera cedia ao ar um calor gentil que eu respirava enquanto dava meus primeiros passos naquela manhã de domingo.

Quando as árvores pareciam decidir pelo final do caminho, uma escada surgia em meio à grama já esverdeada. Algumas pequenas flores roxas nasciam por ali e eu ouvia pássaros cantarem timidamente (lembro que um dia avistei um grande e parei e admirei).

Descia os degraus e pensava que, meses atrás, eles não existiam – estavam escondidos em meio à neve alta. Lembro que foi um sofrimento descer aquilo, mas o clima estava perigoso, o chão escorregadio, e precisava ir até ela. A volta poderia ser perigosa, e voltarmos de mãos dadas deixaria tudo mais tranquilo e seguro, eu pensei.

Os degraus, agora ásperos e firmes, davam para uma pequena rua de bairro. Durante todo o trajeto da descida ia me apoiando em um pequeno corrimão de metal fino. Sou meio desajeitado e precisava desse apoio, principalmente quando, enquanto caminhava, decidia olhar para o alto em busca de algum pássaro, da luz do Sol, ou até mesmo da Lua, que sempre aparecia nas horas mais incomuns do dia (aprendi a olhar e admirar a lua com ela). Descia a escada com um certo prazer, um orgulho de estar ali com uma tarefa para fazer.

Chegando ao final dessa escada de devaneios de Sol, pássaros e lembranças brancas, havia uma pequena rua. Mesmo assim, as árvores permaneciam à minha volta e eu sentia o silêncio, quase sempre presente naquele lugar – exceto quando algum carro passava por ali, ou, como era o caso daquela manhã, alguma senhora passava carregando um pequeno carrinho de compras (mas essa visão era boa, pensava no quanto ela estava bem naquele lugar e do quanto ia com calma para o seu destino – o mesmo que o meu, provavelmente).

Eu seguia caminhando pela calçada, beirando a pequena rua e caminhando devagar – eram meus passos de domingo. Respirava e sentia o frio em mim e gostava muito dessa sensação. Respirava novamente e aproveitava esse sentimento até que decidia prestar mais atenção ao Sol, que – tendo meus passos já deixado a escada de árvores – brilhava acima de mim e trazia calor ao meu corpo. O casaco que vestia virava sempre um pequeno arrependimento naquele momento (queria sentir mais aquele Sol nos meus braços, fazer o frio e o calor se misturarem com mais força), mas arregaçava um pouco as mangas e ficava tudo bem. Era domingo e eu ia buscar o nosso café da manhã.

Não demorava muito para que eu visse, à minha direita, um campo de golfe avançar pela distância até eu não poder mais ver o fim (embora soubesse que, para aquele outro lado, estivesse a estação de metrô e as lojinhas do bairro). Domingo o campo ficava cheio, e eu, tendo avançado mais alguns passos, parava diante de um dos pontos em que os jogadores davam a sua primeira tacada (a mais forte da jogada e com um som que sempre achei muito bonito. O movimento do corpo da pessoa e do taco também é algo que eu sempre achei muito bonito. Quase uma dança sem que a pessoa saia do lugar).

Olhava aqueles jogadores e me sentia bem. O dia estava bonito e aquelas pessoas relaxavam jogando aquele jogo apaixonante.

"Depois de terminarem", eu pensava, "iriam para suas casas almoçar com as suas famílias". Estariam um pouco cansadas por causa do jogo, mas pelo menos iriam relaxar na tarde de domingo.

Depois que me dava por satisfeito em assistir uma ou duas tacadas, voltava para os meus passos até chegar em um pequeno cruzamento. Tomava a esquerda e nem precisava parar e esperar o carro passar, eles paravam sempre.

Cruzava a rua e seguia beirando mais árvores – agora elas se juntavam às casas, todas muito simples, mas muito bonitas. Típicas daquele lugar.

Mais algumas dezenas de metros e chegava ao pequeno mercado de nome Nära, se não me engano (as palavras vão sendo esquecidas com o tempo, e fico um pouco triste de ver que isso, também, está morrendo em mim). Comprava dois pães quentes, um leite (sempre precisava) e às vezes um suco (comprava uma caixa bem grande, já que não precisava carregar muita coisa nessas manhãs). Acho que era isso. Kvitto? Nej, tack.

Voltava com a sacola na mão e fazia o mesmo caminho, com o mesmo humor. Mas agora com a perspectiva de voltar a estar com ela.

O Sol já esquentava um pouquinho mais, e o vento frio – onipresente naquele lugar – dava lugar a uma brisa mais morna. Aquela senhora que carregava o seu carrinho ainda estava chegando ao mercado (a perspectiva do tempo é diferente para cada um, não é?), e eu caminhava um pouco mais rápido, pensando na geleia que colocaria no pão, pensando em abrir a janela de casa e deixar aquela brisa que estava sentindo entrar pelo pequeno apartamento ainda amanhecido (eu já estava em pleno dia).

Cruzava a rua, subia as escadas (agora procurava me esconder do Sol, já que estava com muito calor da caminhada) e pegava de volta a pequena ruela de apartamentos e árvores. Retornava a ela.

Geralmente cumprimentava alguém no caminho. Tentava sempre ser simpático com as pessoas (às vezes não conseguia, mas isso já é culpa do meu sem jeito desligado).

Ao chegar de frente para nossa janela (térrea), via que já estava aberta por ela. A porta do prédio também já havia sido deixada aberta por algum morador que, como eu, havia descoberto a chegada da primavera.

Meus passos ecoavam pelo corredor. A primeira porta era a nossa.

Embora quisesse logo entrar e estar ao lado dela, precisava tirar os sapatos (regra obedecida com rigidez naquele breve espaço).

Passos tirados, entrava, finalmente, e via ela sentada no sofá.

"Oi!", me dizia. E sorria.

Por Fim

afogado

erguidos
sobram meus muros

nado em meu poço
afundado

ecoam dores
cima baixo

berço sombrio
sem fim

laço apenas
obscuro

ouço o acorde
rouco

o adeus

avisa o silêncio
a sem finalidade

de mim

desisto e apago
por fim

Pausa

Olhar acima.

Círculos envoltos
de pássaros
sobre mim.

A Cidade do Rio Perdido

O rio que cruzava a cidade
partiu para outros braços.

Pássaros buscavam suas águas em vão,
agora que uma vala ocupou o lugar
que sob o sol sempre brilhava.

Suas águas decidiram buscar outra cidade,
correntes para se libertarem,
asas abertas em mar.

A cidade se pergunta sobre a súbita ausência,
o som do rio que agora soa em silêncio.

Nem a chuva conseguiu tomar o lugar do vazio
que preencheu aquelas pessoas, agora ocas,

sem o rio para olhar.

Crianças jogam pedras que jazem na lama
e lamentam a inútil brincadeira.

O prefeito sugeriu um monumento, uma estátua,
para lembrar do rio.

"Mas como iremos homenagear um rio?
– perguntou uma senhora, sua voz seca –

Que marca ele deixou em nós?"

Os moradores, enlevados pela poesia da colocação,
seguiram confusos.

"Tenho medo – disse o homem mais sábio da cidade –
de que as montanhas podem querer fugir também."

A cidade suspirou uma lamúria.

O prefeito, temendo ver sua terra virar uma planície seca,
também suspirou.

"Estamos perdidos", disse,
e desistiu do monumento.

"Por que as águas se foram?"
Todos se perguntavam.

Fez-se um silêncio ainda maior,
mais solene.

Um vento percorreu a cidade sem rio,
trouxe um canto lamentoso,
mas de ares imponentes e decididos

que sopravam:

"Uma cidade sem rio esvazia-se de sentido
e é impossível buscá-lo em meio à lama.

O rio abandonou a cidade e partiu para outro norte.

Alimenta outros ares agora,
e não há nada o que fazer para trazê-lo de volta.

Acostumem-se a viver sem ele,
sigam suas vidas sem a explicação da partida.

Pesquem em pastos verdes,
nadem em balcões de bares,

façam o impossível, agora que estão sozinhos."

Os moradores, ouvindo o canto,
o tomaram por uma oração
e se retiraram.

Portas se fecharam,
cachorros dormiram.

A cidade segurou uma lágrima
e se conformou.

Nunca mais teria um rio para chamar de seu.

Mariscos

Casas ruas cansaços,
o rumo que sigo descompasso,
e cada decisão inexiste o que sou.

Sabe,
cada onda em mim é um par,
cada gota um céu azul

à beira mar.

Decidi pela madeira do cais
aquecida pela tarde de verão,

respirar mariscos frescos
em gotículas de areia.

Olhar o retorno do que era

(preciso perder algo no caminho)

e ouvir o som dos violinos,
— um harmônico da 1ª Sinfonia —
mesmo que distante,

(mas ouço)

ecoar na escolha que desisti.

Torre

painéis e pontas desfeitas

deixadas sem lado
panos esquecidos

traços mal percorridos

no céu apenas
pássaros contornos

que duvido ser

torre sem tempo sem contos
levados ao vento

sem sinos

retalho perdido no livro
surdo sombrio

que ouço

a noite sem cores
percorro

Campos de Trigo

...e de pé, ombros esticados,
pés descansados, ares de vencedor.

Leio meu adeus em notas confusas.

Entoo meu canto final, estrofes imbecis
sem rimas e sem um grande amor.

Palavras apenas de despedida, campos de trigo já queimados,
casas em incêndio, meus próprios filhos deformados.

Obrigado aos vazios que me envolvem,
bebo à minha saúde já comprometida.

Meus anjos, meus olhares, penas de pássaros mortos
que flutuam
na espuma suja do oceano que preenchi.

Meu verso final segue aqui, meu assim seja, meu algo ultrapassado,
minha lápide entristecida:

colhi apenas meus versos nessa vida que vivi.

Flores de Inverno

Há um vento frio, desnorteado,
tela azul e verde, varanda e moldura.

Entre rimas, pássaros fiam notas musicais,
a rua descansa.

Flores recém acolhidas por mim,
cores alinhadas na pintura.

Silêncio.

Soa o mar ao fundo, o barco sem vela passeia.

Levanto, jardim em paz,

— raízes na terra —

sou as cores que plantei na tela,
a moldura do lugar que me acolheu.

Tambores

Folhas brancas amarelas na mesa,
notas vagas, confusões escritas,

cortinas que volteiam e contornam,
dão forma à brisa em mar.

Súbito,
conchas e despedidas em lamento
chegam aos livros,

à mesa perdida em pensamentos
ao vento.

Ouço o canto na rua defronte.

Canto de lembranças, notas de pessoas desafinadas
que entoam suas mortes, seus passados.

Carregam tambores,
martelos suaves,
que em veludo ditam batidas de fim:

...
...
...

Lentos,
em procissão,
caminham passos cansados.

Eu assisto, pés na varanda,
ao cortejo de anfitriões.

Suas vozes contam ares não visitados,

mares desconhecidos,
visitas arrependidas,
cores que, assim como eles,
não carregam mais vida.

Falam do que viram, do que não virá.

— Seguro uma lágrima ao ver uma criança
já cansada de cantar —

O cortejo passa em calafrios,
espelhos quebrados,
que observo, também,

serem pedaços meus.

Um remanso falso entoa no horizonte,
ouço os tambores rumando ao mar,

para alguma contemplação tardia,
um pedido desrealizado.

Trilham ao fundo,
e a praia entoa tumultuosa
o mergulho.

Tambores abafados, vozes afogadas,
gritos esquecidos.

...

Súbito,
mar calmo.

O silêncio ondula raso novamente.

Minha Dor é um Correr de Águas que Nunca Cessa

Marcado por raízes, tatuagens,
adormeço em dores,
relembro meus sonhos,
invejo meu passado,
antevejo o futuro vazio,
nada aqui marca as horas,
ainda que o tempo me derrube.

Mantenho o olhar ao mar,
intercedo o ninguém que desacredito,
não posso caminhar sem lembrar,
há tanto que não disse em mim,
algo simples e obscuro.

Descubro um suspiro e desprendo
o olhar que achava ser meu,
retiro minhas mãos e desisto.

É um rio sem margens.

Um veleiro em lençóis brancos,
marinheiros sem horizontes.

Canto versos recém descobertos,
orações ainda intocadas,
ramifico laços inexistentes,
rio em correntes que me prendem,
enquanto assisto aos pássaros
rastejarem pela praia amanhecida.

Dissemos um amor nunca vivido,
em sombras que a luz criou.

À distância vejo duas mãos,
gotas de chuva em telhados protegidos,
um alento percorre o que dói,
anos irão passar, teu olhar branco,
sal marinho convertido em ferrugem.

Quimera que bebo e libo e ébrio,
uma dor que lancina e corta,
embarco em uma volta sem fim.

Não recordo as fotografias que tirei,
uno agora pontes antigas,
navego em festas já encerradas,
candelabros alheios,
acordos desfeitos.

Corro do que lembro,
esqueço do teu desenho,
sou um idiota ao sereno,
sinto frio por escolher o gelo,
ainda em amor te sinto, pleno.

Lembranças II

Lembro que saía caminhar em manhãs frias, muito frias. Mas caminhava. Ela ficava em casa fazendo a unha, ouvia Dave Matthews, Pearl Jam, algo assim.

Eu descia os degraus do prédio (eram cinco andares, já começava meu exercício ali) e saía para o frio da tarde. Havia um estacionamento na frente e eu desviava de alguns carros apenas por brincadeira, aquecendo meu caminho até que chegasse à trilha de árvores. À esquerda pegava um trecho que afundava em verde, como se me deitasse em uma cama confortável e acolhedora – folhas, pássaros escondidos e algumas pessoas que também se exercitavam.

A trilha se estendia por algumas centenas de metros em sons, cores e aromas. Mesmo estando cada dia mais frio, e mesmo vendo que as cores se apagavam, conseguia ver algumas pequenas belezas que a natureza mostrava. Descobri, ali, que o outono é a estação mais linda de todas. Descobri que amava o laranja, o vermelho e o amarelo. O silêncio apenas adicionava mais tonalidades àquela pintura já entristecida das minhas recém descobertas alegrias.

O pássaro negro desfiava um canto agridoce, um esquilo se perdia em meio ao caminho que, intruso, cortava aquelas árvores indiferentes ao frio que chegava. Enquanto caminhava, ouvia canções que, hoje, doem como se fossem lâminas aquecidas por um verão nunca bem-vindo. Escolhia elas por me trazerem um sentimento de pertencimento à única pessoa que eu chamava de amor.

Olhava entre as árvores e via nosso prédio em meio aos outros. À distância via nossa varanda, estendida em meio a um espaço desproporcional, quase maior que nossa sala/cozinha/quarto em que fazíamos amor, em que aprendi a amar a música clássica, em que tomávamos chimarrão e eu lembrava da saudade que tinha da minha outra família (mas estava com ela, e aprendi a lidar com esse sentimento sem tradução).

Ao caminhar ali, pensava que estava no distante, em meio a um lugar diferente. Mas ficava feliz ao saber que as coisas caminhavam e ela estava feliz. Mesmo perdido em pensamentos, mesmo perdido em decisões, sabia que contava com o seu olhar, seu sorriso em roda gigante, seu desenho que se prendeu àquilo que existo e irei para sempre existir.

Enquanto voltava, pensava no calor do nosso lugar, da conversa que teríamos, dos sentimentos que iríamos compartilhar. Meus medos ficariam um pouco de lado e nós iríamos decidir o que comeríamos à noite, se era precisa ir até o mercado, se arrumaríamos o chuveiro do banheiro (um banheiro grande demais para aquele apartamento).

Hoje sinto a dor de não entender os espaços, de não pensar nos resultados futuros. Tive apenas uma chance e falhei. Mas a lembrança daquele lugar, daquela ilha, vive em mim em cada segundo que fecho os olhos, no bater do coração, no deitar do martelo que hoje carrego e que machuca a cada lembrança, a cada memória pincelada em tons de outono, o outono daquelas tardes em que caminhava e, mesmo com saudades, dúvidas, dores, pensava nela.

Pássaros Queimados

Quarto de hotel, deitado, o teto, a música abandonada,
goteiras sublimadas que voltam ao estado

de lembrança.

O acorde mais grave não faz esquecer,
aprendi para apenas uma voz, em corpo e delicada,

Meus dedos afastam teus lábios
mas erro a nota, passo em falso,

largo teu compasso e assusto,
desço de tom, despenco em escadas,
espalho nossas pérolas recém-colhidas.

Acordo e te procuro, vazio, despido.

A noite se foi, o silêncio desafina em manhã.

Volto à trilha de sons perdidos,
becos de horizontes alinhados em mar à frente de mim,

do que sou obrigado a lembrar.

Pássaros queimados me seguem,
zombam meus passos em seus cantos,

entoam, orgulhosos,
as notas que falhei em tocar.

Ausência de Pontes

Carros de sons desafinados passeiam pela avenida,
mãos no bolso, cada habitante olha,
cansado,
mais uma festa daquela cidade.

Casas esquecidas,
bicicletas desnorteadas,
bares afogados.

O palhaço de circo salta lombadas, diverte uma criança
que não quer sorrir.

Um homem traga fundo e assente um não de cabeça.

Indo contra a maré sem lua,
a princesa gira e dá risadas
de cores inocentes.

O palhaço ri e agradece com reverência.

A lágrima desenhada é um pássaro agora,
chorou uma vez e voou longe dali.

Cruzo uma ponte longe da paisagem desolada,
o sol se põe, recrio essa cidade sem mãos,
de mapas enrolados e braços cruzados.

Lembro que te deixava,
coração em chuva, cascatas de telhados mal construídos,
sem saber que a minha vez chegaria,

e entoaria, mãos no peito, deitado no chão,
um verso que dizia: não o mesmo,

você não será mais.

E a cada ponte atravessada, de águas distantes,
criava contos de pessoas sem nome, trens inexistentes,
sonhos passageiros.

Agora, sozinho, volto à cidade sem palhaços, sem ondas.

A princesa olha e faz reverência
ao patético e divertido sujeito que sorri,
bêbado, sem norte,

sem mais pontes para atravessar.

Branco

facilmente acreditava
na loucura e na tristeza de voar longe

pássaros acima de todos
éramos

agora desmorono

sem versos que sirvam
sem morada para o que sinto

palavras vazias
jogadas

entediadas de olhar
o mesmo desfile de

verbos
lembranças

efeitos por demais
delicados

e desarrimados

para o branco enjoativo do papel

E o Vento

Rasgo as páginas da parede,

pétalas que restaram

— teus cabelos espalhados —

quando fui deixado,
eu e o vento,

naquela tarde que venceu
as milhares que tivemos,

que resta, intocada,

(vejo o reflexo assustador do teu olhar)

em cada segundo que, aos poucos,

estou cansando de viver.

Desfazer

círculos perdidos
anéis de água

estático
o vento
as asas
o brilho

acordes dissonam
a desmelodia
que vou desatando

que preciso descompor

e a cada cor separada

a surpresa

a não conta de que perdi

recém-desencantado

a trama que tecíamos
ainda no primeiro ato

Impromptu de Schubert

Palavras desenrolam
versos breves,

que ressoam

no ar
e afundam

turbilhões estrofes
sinistras
ondas cambaleantes.

Trapezistas
que equilibram, perfeita,
a dança,

sílabas dedilhadas
a cada passo

em
com
passo.

Notas de luar em
tons de confissão.

Novo amor,
fogo-fátuo?

Aquela última perda,
irreparável?

Peso Morto

carrega um peso morto
poeira que não desfaz

agrilhoada não pode dançar
não quer ensinar

agoniada em sua secura
procura a chave

quer o final da música

breve coda
em abandono

tons que flutuam acima
e se desfazem

verte em sua própria taça
a uva que cultivei

e livre, enfim,
não volta o olhar

aos pedaços estendidos
que deixou pra trás

Lembranças III

Lembro que caminhávamos na direção do mar e planejávamos nosso futuro. Um vento sempre presente antecipava nossos planos, que vinham em lufadas firmes, mas gentis, como que prenunciando os cenários que desenhávamos, as viagens que faríamos, e todo o tipo de planos que envolviam teu sorriso – sempre ele em você – traço que tenho dificuldade em esquecer.

O lugar era nosso. Senti que você se apaixonava não apenas por mim, mas pelas ondas tímidas que se deitavam e descansavam depois de percorrer todo o oceano. Andava de mãos dadas com você e com esse lugar.

O vento que percorria teus cabelos era o mesmo que me deixava perdido. E cansado de evitar tantos sentimentos, assumi esse amor estranho e recém-nascido que se ajuntou em tuas palavras de descoberta, poemas de uma menina em que os versos ainda estavam desarrimados, confusos em um presente que eu precisava te dar.

E te dei.

Te dei o único laço que poderia, em vida, entregar a alguém – todos meus sentimentos atados, algo que será para sempre apenas teu.

Caminhando, agora sozinho, por essas areias sem sentido, fico a lembrar de tudo que descobrimos juntos, de tudo que prometíamos um ao outro. E, dolorido, sem mais ver um fim, desisto do que fui e me arremedo em um trapo qualquer, algo que achei na restinga e que ruma na direção de algo incerto.

Olho o caminho que tantas vezes caminhamos e me resigno de qualquer página que possa ser virada. Meus capítulos queimam a cada nascer do sol, antes tão acalentadores, lareiras de pedras firmes, e agora algozes do que antes era meu porto – céu azul de poucas nuvens, breves chuvas que enfrentava em abraço com você.

Em te Recordar

Em te recordar
(lapso de amor restante),

tentei apreender em mim
tuas lembranças,

mas perdi teu compasso,
esquecido que sou.

Olho tuas feridas
ao longo do meu braço,

do meu peito sem pulso
que você se tornou.

Expulso da tua presença
sou a cicatriz inútil,

teu futuro apagado,
presente que não te dei.

Estrada II

Tenho já duas pérolas que carrego,
duas desculpas para faltar

o dia em que for convidado.

Uma é caminhar.

Caminhar sem saber porque fujo,

porque o horizonte e vou.

Passos certos,
sem querer rumar um conto

uma linha sequer.

O outro brilho,
acorde metal,
voltado ao céu,

é o badalar que renuncio
e acredito.

Paro e escuto os dobres
invocando o transcendente,

uma morte, um nascimento.

Passado o amor natimorto
é o que tenho de resto,

o certo apenas meu, coincidências
que confidencio.

Caminhar ao som de sinos,
e me basto.

A noite é de estrelas,
clichês dependurados.

E em silêncio e sentimentos

atravesso fontes de água,
estátuas de mármore.
Carrego duas pérolas,
espelhos,

na estrada em que fui jogado.

Epílogo em Estado de Último Suspiro

E para encerrar:

Cansado de versos?

Dos tantos mesmos
versos?

Estão todos quebrados.

Apenas eu pensei
serem eles

worth it?

Apenas eu achei
serem eles

algo?

Era eu e você, antes de tudo.
De todos.

Mas, enfim, eles
estão aqui para quê?

Se para você,
que respirava,
eles nunca serviram?

Quando olha o céu acima,
quando existo, fora das rimas,

você pensa em mim? Ou nunca pensou em alguém

que não você?

Falto as linhas em te descrever, peço desculpas
em não entender.

Restam perguntas com teu sobrenome,
depois do tanto que dei.

Teus teoremas, que outro decifre.

Que outro, acima de mim,

dê o que não te dei.

CIRCUITO